Hommage de l'auteur

QUELQUES MOTS

SUR UNE

FAMILLE DE MARSEILLE

DU NOM DE CORBEAU OU COURBEAU

PAR J.-J.-A. PILOT

ARCHIVISTE PALÉOGRAPHE DU DÉPARTEMENT DE L'ISÈRE

PARIS

E. DENTU, LIBRAIRE — ÉDITEUR,

PALAIS-ROYAL, 17-19, GALERIE D'ORLÉANS

1864

Tous droits réservés

QUELQUES MOTS

SUR UNE

FAMILLE DE MARSEILLE

DU NOM DE CORBEAU OU COURBEAU

Il y a peu de temps qu'il nous est tombé entre les mains une brochure intitulée : ABRÉGÉ HISTORIQUE DE LA MAISON DE COURBEAU, DE MARSEILLE, *publié avec l'approbation spéciale de S. A. I. la Princesse Mathilde, et de S. E. M. le Ministre secrétaire d'État de la Maison de l'Empereur, contenant des notes très-curieuses et inédites sur diverses personnes illustres qui ont eu des relations de parenté et d'amitié avec cette famille, par le Baron de B**** (1).

La curiosité et le désir de trouver peut-être, ainsi que semblait naturellement le faire croire un long et fastueux titre, des faits ignorés concernant la famille de Corbeau, issue de Savoie, établie en Dauphiné depuis plusieurs

(1) Marseille, 1857, brochure in-8° de vingt-huit pages. Typographie d'Arnaud et Cⁱᵉ, rue Cannebière, 10.

siècles et sur laquelle nous possédons d'assez nombreux
renseignements, nous ont porté à consulter cet écrit ; mais
à peine en avons-nous parcouru quelques pages, que nous
avons pu reconnaître qu'il s'agissait d'une famille de
Marseille, du nom de Courbeau, totalement étrangère à
celle du Dauphiné, et qui n'avait absolument avec elle aucune espèce de rapport, si ce n'est celui du nom.

Une chose cependant nous a surpris, c'est qu'on ait
essayé, pour donner à cette famille de Marseille une an-
cienneté que probablement elle n'a pas, de la rattacher à
la maison de Corbeau du Dauphiné, en laissant supposer
que François de Corbeau, fils d'un autre François de Corbeau, seigneur de la Combe en Savoie et d'Upie en Dauphiné, dont la filiation est tout établie dans le Dictionnaire de la Noblesse de La Chesnaye-des-Bois, pouvait
être le père d'Antoine Courbeau, bourgeois d'Aix, et
bisaïeul de M. Pierre Gaspard Courbeau ou Corbeau, qui
habite aujourd'hui la ville de Marseille où il tient, boule-
vard du Gommier, n° 11, un commerce de fleurs que sa
sœur lui a laissé.

Nous ne connaissons point les divers membres de cette
dernière famille, ni l'auteur de la brochure publiée sous
le pseudonyme, Baron de B***. Nous n'aurons point ainsi à
nous occuper des faits qui leur sont personnels, racontés
et circonstanciés dans l'*Abrégé historique* précité, et dont
nous admettons volontiers et d'avance toute la véracité.
Nous laissons également à ces Messieurs les extraits des
journaux qu'ils invoquent ; on sait comment se préparent
et s'expédient ces sortes de réclames ; nous leur laisserons

l'exergue : *la valeur et les vertus des ancêtres se perpétuent toujours dans leurs descendants* (1) ;

Leurs armes: *un corbeau de sable ou un cœur enflammé* (2) ;

Nous leur laisserons leurs supports : *deux corbeaux* ;

Leur devise : *Avant que de m'avilir, ciel! ouvre-moi la tombe* (3) !

La mention d'un officier-général du nom de Corbeau, parti pour la croisade à la suite de Tancrède, et à qui ce dernier avait donné sa fille en mariage (4).

Les traditions de leur famille, qu'elle pourrait tirer son origine de Corvinus (*Marcus Valerius*), lequel portait sur son casque un corbeau en guise de cimier (5).

Nous conseillons à l'auteur de la notice en question de consulter à ce sujet Tite-Live où il verra pour quel motif *Marcus Valerius* aurait été surnommé *Corvinus*.

Nous laisserons même à ces Messieurs, pour peu qu'ils le désirent, le corbeau de l'arche de Noé, ce qui serait d'une origine autrement plus ancienne que celle du corbeau de Tancrède ou de celui de *Corvinus*.

La famille de Corbeau du Dauphiné, représentée par le Marquis de Vaulserre (Marie-François-Charles), n'aspire point à de si hautes prétentions. Elle regarde comme son auteur vrai : Anthelme Corbel ou de Corbel (6), qui

(1) Page 7 de la brochure.
(2) Page 28 de la brochure.
(3) Page 27 *ibid.*
(4) Page 9 *ibid.*
(5) Page 8 *ibid.*
(6) Anthelmus Corbelli, de Sancto Francone, Balma, Escalone, Domi-

— 6 —

vivait dans la première moitié du treizième siècle. Nous renvoyons ceux qui voudraient connaître sa descendance au Dictionnaire précité de La Chesnaye-des-Bois, qui donne une généalogie suivie, depuis cet Anthelme jusqu'à François, Marquis de Corbeau de Vaulserre, qui vivait en 1765 (1). Nous ajouterons seulement que, dans son origine, cette famille s'appelait de Corbel, nom changé depuis en celui de Corbeau, comme plus en usage et plus adopté. Corbel était et est encore aujourd'hui une paroisse près des Échelles, en Savoie, nommée dans les titres latins *Corbelli*; ce qui sans doute a donné à l'auteur de la brochure en question, en prenant le mot latin *Corbelli* pour un nom de famille italienne, et en l'appropriant à MM. Courbeau, de Marseille, l'idée d'avancer que leur famille tirait son extraction de l'Italie (2).

La Chesnaye-des-Bois rapporte à l'article Pons de Bruyères-le-Châtel, deuxième du nom, que sa fille Suzanne fut mariée à François de Corbeau, seigneur de la Combe en Savoie (3); il ajoute ailleurs à l'article Aimé de Corbeau, seigneur de Saint-Franc, etc., fils unique de Pierre, que le 20 février 1648, il épousa Marie, fille unique de François de Corbeau d'Upie et de la Combe, gen-

cellus, ainsi nommé dans son Testament en langue latine, du 5 des Ides d'août 1220. (*Archives du Château de Vaulserre.*)

(1) *Dictionnaire de la Noblesse*, par La Chesnaye-des-Bois, édition in-4°, tome V, page 108 et suivantes. Le même ouvrage, édition in-8°, tome VII ou IV vol. du supplément, page 118 et suivantes, et page 500 et suivantes.

(2) Page 9 de la brochure.

(3) *Dictionnaire de la Noblesse*, par La Chesnaye-des-Bois, édition in-4°. Tome III, page 329.

tilhomme de madame la Duchesse d'Aumale (1). L'auteur de l'*Abrégé historique et généalogique de MM. Courbeau, de Marseille*, entre en matière en ces termes, qui sont le résumé assez peu intelligible des deux citations précédentes : *de François de Courbeau d'Upie et de la Combe, gentilhomme de madame la duchesse d'Aumale, et de Suzanne de Bruyères Saint-Michel, de Crest, marié à demoiselle Marie de Mont, naquit : 1° Marie (seule fille qu'ils eurent), qui épousa, le 20 février 1648, Aimé de Courbeau, son oncle, Seigneur de Saint-Franc, Vaulserre, etc., capitaine dans le régiment de Picardie, fils aîné de Pierre de Courbeau; 2° François, né*, etc. (2).

Que d'erreurs dans ces quelques lignes! On ne comprend pas d'abord de qui était fille cette Marie de Courbeau ; était-ce de François de Courbeau et de Suzanne de Bruyères, ou bien de François de Courbeau et de Marie de Mont? En second lieu, Aimé de Corbeau était cousin au neuvième degré de Marie de Corbeau et non point son oncle. D'un autre côté, si Marie de Corbeau était fille unique, comme le dit La Chesnaye-des-Bois, assertion que l'auteur de l'*Abrégé historique* précité modifie par ces mots : *seule fille qu'ils eurent*, comment pouvait-elle avoir un frère?

Il est vrai, pour être exact, que, d'après les titres de famille que nous avons sous les yeux, François de Corbeau, sieur d'Upie, a eu de Suzanne de Bruyères, qu'il avait épousée en 1605, cinq filles et deux fils ; savoir : les

<hr>

(1) *Dictionnaire* précité, tome V, page 111. Édition in-4° et tome VII ou IV vol. du supplément, page 86 et page 483 de l'édition in-8°.
(2) Page 11 de la brochure.

deux fils, François, capitaine au régiment de Ferron, et Pierre, prêtre, religieux de l'Ordre de Saint-Bernard, qui testa à Thonon, en 1633, et les cinq filles, Françoise, religieuse au monastère de la Visitation à Annecy en 1626, puis à Turin et ensuite à Rome, Madeleine et Catherine, religieuses de la Visitation à Crest; Marguerite, religieuse de la Visitation à Valence; et Marie, mariée en 1648 à Aimé de Corbeau de Saint-Franc, son cousin, tous lesquels sept enfants sont nommés dans le testament de François de Corbeau, seigneur de la Combe et d'Upie, daté du 1er mai 1626 (1).

On voit que si La Chesnaye-des-Bois, en parlant de Marie de Corbeau, la qualifie, à l'époque de son mariage, en 1648, de fille unique, c'est qu'effectivement elle était alors, par le décès de ses autres sœurs et de ses frères, ou par leur profession religieuse, la seule qui restât des sept enfants de François de Corbeau et de Suzanne de Bruyères. Le décès de son frère François est au surplus formellement constaté dans l'acte de mariage de Marie de Corbeau avec Aimé de Corbeau, son cousin, fils de Pierre. Déjà, l'année précédente, avait eu lieu une transaction passée pour le partage des biens de l'hoirie de ce dernier François et d'Hugues de Corbeau, son bisaïeul, entre les intéressés et les ayants-droit à ces deux successions, en vertu d'un *fidei-commis* apposé au testament de cet Hugues (2).

(1) *Archives du Château de Vaulserre.*
(2) *Ibid.*

Il résulte de ces faits (inconnus sans doute à l'auteur de la brochure, le prétendu Baron de B***) que François de Corbeau, fils d'autre François de Corbeau, seigneur de La Combe, et de Suzanne de Bruyères, et frère de Marie de Corbeau, qui épousa son cousin Aimé de Corbeau, seigneur de Saint-Franc, en 1648, n'existait plus à cette époque ; mais l'intervertissement de ce François, pris à la maison de Corbeau du Dauphiné, pour en faire le père d'Antoine Courbeau, bourgeois d'Aix, et le lien intercalaire de deux familles étrangères l'une à l'autre, n'est pas moins un vol généalogique, un larcin manifeste, que décèlent, au besoin, les observations seules résultant de la notice que nous incriminons.

L'auteur de cette notice a soin de nous apprendre que Pierre Courbeau, de Marseille, ainsi nommé dans son acte de naissance, a pour trisaïeul *François de Courbeau, né en 1627, au lieu de Maquigay, près de Guise, en Picardie, lequel ayant quitté cette province pour aller se fixer, vers 1680, à Aix, où il épousa, deux ans après, Françoise Theissier, y est décédé le 24 mars 1702* (1). Voilà qui est positif, et qui, ce nous semble, ne permet d'élever aucun doute sur cette filiation. Or, en prenant pour vrai ce qu'on vient de lire (telles sont d'ailleurs les expressions employées par l'auteur de la brochure en question), quel rapport peut-il y avoir entre François de Courbeau, Picard d'origine, marié en 1682 et décédé en la ville d'Aix en 1702, et François de Corbeau, natif d'Upie, en Dauphiné, ca-

(1) Pages 11 et 12 de la Notice.

pitaine au régiment de Ferron, mort au service du roi à Villefranche-de-Pannadoz, en Catalogne, en 1647, ainsi que l'atteste son acte de décès dont nous donnons ici la teneur :

« Les religieux soussignés de la Très-Sainte-Trinité-
« Rédemption-des-Captifs, certifions et attestons comme
« noble François de Courbeau d'Upie, capitaine au
« régiment de Ferron, lieutenant au régiment d'Au-
« vergne, a été assisté à sa maladie par moi, François de
« nation, ayant ouï de confession et fait administrer les
« très-saints sacrements de l'Eucharistie et de l'Extrême-
« Onction, et m'ayant déclaré en présence de témoins
« comme il vouloit être enseveli en notre église de la
« Sainte-Trinité de Villefranche-de-Pannadoz, en Cata-
« logne, a prié son cousin noble Aymé de Corbeau Saint-
« Franc, lui vouloir faire exécuter sa dite intention, et
« pour le faire enterrer en notre dite église, il a fait ap-
« peler quarante chanoines de la Grande-Église qui l'ont
« accompagné avec toutes sortes d'honneurs et cérémo-
« nies accoutumées de faire à un homme de sa condition,
« et selon que sa noblesse invitoit; de quoi aussi son dit
« cousin, qui l'a assisté à sa maladie et à sa mort, nous a
« chargé d'un service de trente Messes à dire durant
« trente jours, avec deux Messes chantées que nous
« avons promis dire avec toute la Communauté.
« En foi de quoi nous avons rédigé la présente attes-
« tation, signée par le Révérend Père Ministre et son
« confesseur françois.

« Fait à Villefranche-de-Pannadoz, ce quinzième jan-
« vier mil six cent quarante-sept.

« Ont signé : Frère André de Saint-François, confes-
« seur et religieux dudit ordre, de nation françoise,
« Toulousin ; frère Joseph Amallet, Présentateur et Mi-
« nistre (1). »

A ce titre, s'il était nécessaire, on pourrait en ajouter
d'autres, tels que : 1° Le Testament du même François de
Corbeau (2), fils d'autre François de Corbeau, seigneur de
la Combe, et de Suzanne de Bruyères, daté de Vienne en
Dauphiné, du 12 mars 1642, par lequel il institue pour
son héritier Pierre de Corbeau, son cousin, sieur de
Saint-Franc, pour le cas où il viendrait à mourir à l'ar-
mée où il se rendait alors pour le service du roi. 2° La
Transaction qui, par suite du décès du susdit testateur
et des difficultés qui auraient pu s'élever au sujet d'une
substitution contenue dans les dispositions de dernières
volontés de son bisaïeul, Hugues de Corbeau de la Combe,
eut lieu à Valence, le 29 juillet 1646, entre les parties
intéressées et Suzanne de Bruyères qui vivait encore à
cette époque (3). C'est d'après cet acte même, et ensuite
du désir exprimé par François de Corbeau dans son testament du 12 mars 1642 précité, qu'intervint le mariage de
Marie de Corbeau, sa sœur, avec Aimé de Corbeau, sei-

(1) *Archives du Château de Vaulserre.*
(2) *Ibid.*
(3) *Ibid.*

gneur de Saint=Franc, son cousin, fils de Pierre, l'héritier institué dudit François de Corbeau, seigneur de la Combe, mariage célébré le 20 février 1648 (1).

Il résulte également de cette transaction que François de Corbeau, fils d'autre François et de Suzanne de Bruyères, était alors décédé ; mais l'acte seul de son décès, en 1647, suffit pour démontrer l'erreur évidente dans laquelle est tombé l'auteur pseudonyme de la notice, lorsqu'il fait de ce François de Corbeau, mort en 1647, le père d'un Antoine de Courbeau, né dans la ville d'Aix *trente-sept ans après,* en 1684 (2), et cela afin de faussement rattacher à la maison de Corbeau de Savoie et du Dauphiné une famille qui lui est totalement étrangère.

Il est vrai que cette prétention est tout à fait l'œuvre du pseudonyme Baron de B***, et qu'il l'aura sans doute imaginée pour donner à son opuscule une certaine valeur généalogique, ou tout au moins une couleur de recherches et d'intérêt ; car si l'on examine tant soit peu la filiation des Courbeau, de Marseille, telle qu'elle est établie par les actes de leur état=civil, on reconnaît facilement qu'ils n'ont jamais songé à se croire issus de la maison de Corbeau du Dauphiné. Pour eux, en effet, François Corbeau ou Courbeau, père d'Antoine, qui est né le 16 juin 1684, était originaire de la Picardie (3), d'où il passa en Provence, et là il s'est marié, ainsi qu'il a déjà été dit, à Françoise Theissier, vers 1680, dans la ville d'Aix où il

(1) *Archives du Château de Vaulserre.*
(2) Page 12 de la brochure.
(3) Page 11 *ibid.*

est mort le 24 mai 1702, à l'âge de soixante-quinze ans (1) ;
le même François habitait encore la Picardie en 1672,
puisque cette année-là il aurait prêté à la ville de Saint-
Quentin une somme d'argent considérable (2). Ces faits
essentiels pour la famille de Courbeau, d'Aix et de Marseille, sont loin d'établir la moindre identité entre ce
François Corbeau ou Courbeau, dont il vient d'être parlé,
et noble François de Corbeau, officier dans le régiment
d'Auvergne, puis capitaine dans le régiment de Ferron,
célibataire, décédé en Espagne, en 1647.

Nous n'insisterons pas sur un point aussi clair. Les
deux familles de Corbeau du Dauphiné, et Courbeau de
Marseille, sont totalement étrangères l'une à l'autre.
Leur origine est différente. Il ne paraît pas non plus que
cette dernière famille, en remontant à une époque anté-
rieure à la Révolution, alors qu'elle comptait parmi ses
membres Antoine-François de Courbeau, riche commer-
çant (3), et son frère André de Courbeau, conseiller du
roi, contrôleur-général des finances en la généralité de
Provence (4), ait jugé qu'elle pouvait avoir des rapports
de parenté, d'alliance ou d'affinité avec la famille de Corbeau, du Dauphiné.

D'autre part, si l'on consulte les armes de ces deux
membres de la famille Courbeau de Marseille (5), on voit

(1) Page 12 *ibid.*
(2) Page 12 *ibid.*
(3) Page 13 de la brochure.
(4) Pages 10, 13 et 28 de la brochure.
(5) Pages 28 de la brochure.

qu'elles font allusion à leur nom. Ce sont des armes par-
lantes : *un corbeau* (1) ou *un cœur enflammé* (2) (cœur
beau). Tandis que les armes de la maison de Corbeau
de Dauphiné, anciennes et formées de pièces honorables,
ne retracent point en langage de blason la simple traduc-
tion d'un nom patronymique. Elles sont : *d'or, chargé de
trois fasces de sable* (3). Nouvelle preuve qu'il ne saurait
exister entre les deux familles aucune identité.

Il n'était pas nécessaire après cela que l'auteur de la
brochure dont il s'agit, M. Pagn*** crût devoir se parer
du pseudonyme *le Baron de B*** ; ni qu'il fît précéder sa
notice de remercîments d'envois qu'il appelle à sa manière
des lettres d'approbation ; comme si de telles lettres, lors
même qu'elles auraient toute l'interprétation qu'il leur
attribue, pourraient jamais changer ou modifier la nature
des faits, rendre vrai ce qui est faux, ou faux ce qui est
vrai. On dirait plutôt que M. Pagn*** avait besoin de cer-
tains moyens adroits, et que sentant en quoi était faible
son œuvre, il pensait lui donner une sorte d'autorité par
la réclame de lettres de hauts personnages.

Depuis la rédaction de ce mémoire, fait pour répondre à
l'*Abrégé historique de MM. Courbeau, de Marseille,* nous
avons vu la notice qu'ils ont fait insérer dans le *Nobiliaire*

---

(1) D'argent, au corbeau de sable, au chef d'azur, chargé de trois étoiles
d'or.

(2) D'azur, à un cœur enflammé de gueules, traversé par deux épées
d'or, dont les pointes sont dirigées en bas, formant la croix de Saint-
André, et une étoile d'or au-dessus de chacune des gardes.

(3) Chorier, Guy Allard, La Chesnaye-des-Bois, etc., etc. Chorier dit :
Fascé *d'argent* et de sable.

du département des Bouches-du-Rhône, par MM. Gourdon
de Genouilhac et le marquis de Piolenc (1), et où ils se
disent de la famille de Corbeau de la Combe et d'Upie,
c'est-à-dire de la maison de Corbeau, du Dauphiné. C'est
toujours la même erreur qui est reproduite. Nous regret-
tons que les auteurs de ce Nobiliaire aient accepté de
bonne foi cette notice pour vraie et sans examen.

(1) Armorial départemental, *Nobiliaire du département des Bouches-du-Rhône, Histoire, Généalogies,* par H. Gourdon de Genouilhac et le marquis de Piolenc. 1863, page 68.

FIN

Paris. — Imp. de L. Tinterlin et Cⁱᵉ, rue Neuve-des-Bons-Enfants, 3.

* 9 7 8 2 0 1 1 7 6 9 8 6 2 *